敦煌图案

敦煌历代精品藻井线描图集

杨东苗 金卫东 编绘

浙江人民美术出版社

图书在版编目（CIP）数据

敦煌历代精品藻井线描图集 / 杨东苗，金卫东编绘. —杭州：浙江人民美术出版社，2016.8（2023.8 重印）
（敦煌图案）
ISBN 978-7-5340-5092-3

Ⅰ.①敦… Ⅱ.①杨…②金… Ⅲ.①敦煌石窟—壁画—图集 Ⅳ.① K879.412

中国版本图书馆 CIP 数据核字（2016）第 177367 号

责任编辑：雷　芳
责任校对：余雅汝
责任印制：陈柏荣
封面设计：刘　欣

敦煌图案　敦煌历代精品藻井线描图集

杨东苗　金卫东◎编绘

出版发行：浙江人民美术出版社
地　　址：杭州市体育场路 347 号
电　　话：0571-85174821
经　　销：全国各地新华书店
制　　版：杭州立飞图文制作有限公司
印　　刷：浙江新华数码印务有限公司
开　　本：787mm×1092mm　1/12
印　　张：14
版　　次：2016 年 8 月第 1 版
印　　次：2023 年 8 月第 5 次印刷
书　　号：ISBN 978-7-5340-5092-3
定　　价：78.00 元

如发现印装质量问题，影响阅读，请与出版社营销部联系调换。

前　言

　　敦煌壁画艺术是中华优秀传统文化的杰出代表。它的内涵十分丰富，图案画、人物画、动物画、建筑画、山水画、花鸟植物画等等，各以其独特的艺术语言与艺术成就，展示着特有的艺术效果。

　　绘制了千年的敦煌图案画是敦煌壁画众多内容中光彩夺目的一部分。它以富于变化又有规律的色彩与形制装饰着建筑、壁画和泥塑，同时又有独立存在的形态。今天，我们继承这部分文化遗产，领悟它的美，用来美化我们的生活、启迪我们的灵感，使其更具有丰富的现实意义。

　　本书是一部敦煌历代藻井复原图案专集。藻井是敦煌图案的集中、综合表现形态。藻井者，交木为井，饰以藻文，位于中国传统木构建筑的顶部。中国传统文化五行学说中火克金、水克火，在极怕失火的木制构件上绘以水生植物的变形花纹，不但美观也蕴含防火之意。

　　敦煌图案画与敦煌人物画的起始与终止时代相同，都经历了从十六国至元代末年的千年绘制时段。此间图案的创作绘制从来没有停止过，其源流一脉相承，但各个时代风格却又不尽相同，它完美地走过了其整个艺术历程。更难能可贵的是这一过程都处在自发、自觉的自然状态之下，是人类思想状态的具象表达。现就其时代脉络与艺术表现风格作以下论述。

　　北朝时期指的是北魏、西魏、北凉、北周等政权统治敦煌的时期，其时间相当于公元386年至公元581年。北朝是敦煌石窟艺术的初发期，整个艺术形态都呈现西域文化与中原文化交融互映的特色。北朝藻井仿中原交木叠涩如井的传统结构，凡绘藻井必先画成方井与岔角交织的框架，然后按形装饰。北朝图案简练鲜明，纹饰种类少，形象单纯，组合也简单。同一纹样反复连续即为边饰，几种边饰相连，中置一莲花即为井心。纹样主要有莲荷纹、忍冬纹、几何纹、云气纹、祥禽瑞兽纹等，造型简洁而朴实，利用正、反、俯、仰的变化，丰富着边饰的内容。如几何纹，它只是用不同的几何构图，利用数的变化规律，相间填色，使简单的网线变化出丰富的内容。

　　平棋是由若干个边饰组成的方井连接而成，每个方井均为两重套叠，井心比较宽大，中置一大莲花，如车轮状。平棋图案的结构与藻井相同,式样接近。区别在于平棋是并列的棋格式连续图案,四周无垂幔纹。北朝各窟平棋装饰集中了各种纹样,繁简虚实配合构成一个统一的装饰整体。

人字披图案是北朝图案中最富于变化的一部分,它模仿了中原木构建筑的人字顶。它是莲花忍冬纹唱主角的舞台,所有的人字披图案都以莲花忍冬藤蔓纹为基础,穿插着菩萨、飞天、化生童子、祥禽瑞兽纹等图案。纹饰自由舒展,在室内构成了青藤绕梁、仙人出没、祥禽凌空瑞兽攀缘的仙境。

隋代图案在北朝的基础上,进一步吸取了中原传统文化艺术与新来的西亚风格,绘制出了崭新图案。其内容丰富、变化多端,形象纤细秀丽,造型自由活泼。各窟图案不见依样仿制、因陈抄袭,而是相互吸取精华、争奇斗艳。

隋代藻井依其结构和井心纹样可分为五类,即方井套叠藻井、盘茎莲花藻井、飞天莲花藻井、双龙莲花藻井、大莲花藻井。在色彩搭配上已具多样性,构图形制则出现多种纹饰反复穿插现象。

连珠纹是隋代出现的新纹样,是波斯艺术在石窟中的体现。隋代图案是丰富的,它的石窟建筑结构与图案的演进对唐代藻井装饰艺术的影响是直接的。但隋代是短暂的,这一繁荣带有一种过渡性,之后的石窟图案装饰进入了一个雄阔而崭新的时期。

唐代藻井纹样丰富,巧变不绝,千姿百态,其变化似无章可循,细细体味仍可见其特点:奇思驰骋,饰纹绮丽,精于雕琢,耐人寻味。"满目华彩而不媚俗",正是盛世百业俱兴的物质基础体现在精神世界的写照。

莲花是西方极乐世界的象征,又是净洁的标志,与中国的贞洁、多子风俗相关。唐代藻井图案中莲花、卷草、团花、几何纹、祥禽瑞兽纹等,其中发挥主导作用的仍是莲花。就时间、内容和形式来看,唐代藻井图案的发展大致可分为三个时期:

初唐——初唐前期藻井主要有两种,一种是大莲花藻井,井心画一大莲花,井外饰物甚少,形象比较单纯,基本上是隋代风格的延续。另一种井心为十字或米字形与圆环套叠,大多绘有中亚地区特产的花果变形内容,是初唐出现的新式纹样,也是西域文化活跃于汉地的实例。初唐后期藻井井心比较宽大,井内大莲花多以桃形莲瓣纹与云头纹、叶纹组合而成,花形呈放射状。井心比较充实,井外边饰层次较少,边饰多以卷草纹、半团花为主，多数藻井没有垂幔。

盛唐——藻井纹样的创作组合发展到一个新的高峰，藻井作为窟顶华盖形式，其结构格式已基本定型，即由井心莲花、井外边饰、外围垂幔三部分组成。井心莲花层次繁缛华丽，充溢着富贵气象。井外边饰纹样以卷草、团花、半团花为主，垂幔纹样简略。卷草纹变为多茎多叶，花叶首尾相连，叶纹反转卷曲，日渐繁丽。团花纹层增多，形象丰富，有桃形莲花瓣团花、多裂叶形团花、圆叶形团花以及三种花形混合组成的团花，是团花最为丰富的时期。

盛唐后期藻井井心较小，井心莲花呈现团花状，井外边饰层次增多，纹样以大团花、大菱格纹为主，其次有百花蔓草、半团花、多瓣小花、小菱格、方胜、方璧、龟甲纹等。

中晚唐——继承盛唐图案之后向前发展的又一高峰。以茶花纹、祥禽瑞兽纹为其特征，但渐起了程式化的端倪。这一时期的图案渐入清凉的莲花世界，于是一幅幅与珍禽灵兽结合的灵鸟莲花藻井、团龙鹦鹉莲花藻井、蹲狮藻井、团龙藻井等在晚唐又盛极一时，尤其团龙纹一经出现，就在晚唐藻井中得到尽兴发挥，影响了以后很长一段时期。

五代、宋、西夏发展了晚唐纹饰丰富与饱满的特点，程式化倾向越来越明显，缺少绘画的随意性。这时期龙凤与固有的佛教题材纹饰融为一体，表明佛教与民俗文化的融合。藻井井心部位已出现浮塑贴金技法，使藻井井心显得瑰丽堂皇，但缺少生动性。

元代藻井更多注重形象的齐全、层次的繁杂，以满工铺地的工艺形式展开纹饰与色的布列，又不复制前朝，具有其时代特征。

西夏、元代佛教信仰的淡疏，加上中原政权对西域统治的渐衰，使从事佛教建筑艺术的画匠及其创意组织者的职业已非时代所必要等诸多原因，使敦煌图案这一门靠纹饰色彩、信仰与梦而存在的艺术走到了尽头。难以想象创造华丽天空的最后一位才俊，是怎样恋恋不舍又无可奈何地离开已经人气凋零的莫高窟的。

一门艺术的确立，必须有其诞生的文化背景，在经历其必要的发展过程达到高峰后逐渐平稳发展，之后渐渐走向衰退。敦煌图案艺术的这一过程经历了漫长的千年，在千年的艺术创作中，敦煌图案本来应该产生的辉煌和达到的顶峰都已实现，使它极其成熟而自成体系，艺术生命拥有了完美的句号。每一幅图案都经过当世文化的浸润和创作者的反复推敲，是时代精神的缩影。从这个角度看，敦煌艺术虽然终结了，但它没有留下任何遗憾。

二十多年来我们与多位艺术工作者通过不懈的努力，将敦煌壁画中变色与剥落残损的部分尽力复原，力图还其原创时代的真实面貌。我们怀着对古代艺术家极其崇敬的心情完成每一幅作品，在绘画中与艺术对话，以期理解原作中每一处的苦心经营。敦煌图案是我们"再现敦煌"系列丛书中绘画工作最繁重、最艰苦的内容，每天都从兴奋画到眼花为止的工作整整进行了十年。

我们奉献此书给广大读者，不是复古，而是接脉；不是让大家照搬敦煌，而是想让每一位有志于艺术工作的人，得到一种创造性的启迪，特别是夸张、变形等形式的创作方法以及色彩的收放、穿插、平衡等手法的运用，以便我们站在优秀传统艺术的肩膀上，把时代艺术展望得更广阔，描绘得更加丰富多彩。

本书与它的姊妹篇《敦煌历代精品边饰·圆光线描图集》主要面对的读者为从事工艺美术、平面设计、广告设计、服装及面料设计、染织、古建园林、艺术考古、艺术品收藏等诸行业的朋友们。望本书对您有用，对当今时代的文化发展有益。

金卫东
于西安光耀文化传播中心
2016年6月

目录 CONTENTS

敦煌藻井线描图案 ·· 1
莲花飞天平棋 莫高窟 二五一窟 北魏 ·········· 3
宝池飞天平棋 莫高窟 二五七窟 北魏 ·········· 4
莲花飞天平棋 莫高窟 四三一窟 北魏 ·········· 5
莲花双鹅平棋 莫高窟 四三五窟 北魏 ·········· 6
瑞兽纹饰平棋 莫高窟 四三一窟 北魏 ·········· 7
莲花火焰纹平棋 莫高窟 四三一窟 北魏 ······ 8
忍冬莲花平棋 莫高窟 二四九窟 西魏 ·········· 9
宝池莲花藻井 莫高窟 二八五窟 西魏 ········ 10
莲花飞天平棋 莫高窟 二八八窟 西魏 ········ 11
莲花飞天藻井 莫高窟 二九六窟 北周 ········ 12
裸体飞天平棋 莫高窟 四二八窟 北周 ········ 13
裸体飞天平棋 莫高窟 四二八窟 北周 ········ 14
飞天双虎平棋 莫高窟 四二八窟 北周 ········ 15
藻纹人字披 莫高窟 四二八窟 北周 ············ 16
藻纹人字披 莫高窟 四二八窟 北周 ············ 17
藻纹人字披 莫高窟 四二八窟 北周 ············ 18
藻纹人字披 莫高窟 四二八窟 北周 ············ 19
对拼式平棋 莫高窟 二六八窟 北凉 ············ 20
莲花化生平棋 莫高窟 二六八窟 北凉 ········ 21
莲花飞天平棋 莫高窟 二七二窟 北凉 ········ 22
飞天龙纹平棋 西千佛洞 八窟 隋 ·················· 23
莲花飞天藻井 莫高窟 三〇五窟 隋 ············ 24
化生伎乐藻井 莫高窟 三一一窟 隋 ············ 25
石榴莲花藻井 莫高窟 三七三窟 隋 ············ 26
化生童子藻井 莫高窟 三八〇窟 隋 ············ 27
莲花水纹藻井 莫高窟 三八六窟 隋 ············ 28
莲花藻井 莫高窟 三八八窟 隋 ······················ 29
忍冬莲花藻井 莫高窟 三九〇窟 隋 ············ 30
莲花双龙藻井 莫高窟 三九二窟 隋 ············ 31
莲花连花藻井 莫高窟 三九二窟 隋 ············ 32

莲花方璧藻井 莫高窟 三九三窟 隋 ············ 33
莲花方璧藻井 莫高窟 三九三窟 隋 ············ 34
三兔忍冬藻井 莫高窟 三九七窟 隋 ············ 35
莲花火纹藻井 莫高窟 三九八窟 隋 ············ 36
莲花飞天藻井 莫高窟 四〇一窟 隋 ············ 37
忍冬莲花藻井 莫高窟 四〇五窟 隋 ············ 38
忍冬莲花藻井 莫高窟 四〇五窟 隋 ············ 39
三鹿火纹藻井 莫高窟 四〇六窟 隋 ············ 40
三兔飞天藻井 莫高窟 四〇七窟 隋 ············ 41
三兔莲花藻井 莫高窟 四〇七窟 隋 ············ 42
莲花化生藻井 莫高窟 三一四窟 隋 ············ 43
连珠棋格图案 莫高窟 四二七窟 隋 ············ 44
连珠棋格图案 莫高窟 四二七窟 隋 ············ 45
莲花龙纹藻井 莫高窟 四六二窟 隋 ············ 46
莲花飞天藻井 莫高窟 四〇一窟 隋 ············ 47
茶花藻井井心 莫高窟 三一窟 初唐 ············ 48
华 盖 莫高窟 六六窟 初唐 ···························· 49
葡萄石榴纹藻井井心 莫高窟 二〇九窟 初唐 ·· 50
团花藻井井心 莫高窟 三二一窟 初唐 ········ 51
石榴花藻井井心 莫高窟 三二二窟 初唐 ···· 52
莲花藻井 莫高窟 三三一窟 初唐 ················ 53
团花藻井 莫高窟 三三四窟 初唐 ················ 54
宝相花藻井井心 莫高窟 三三五窟 初唐 ···· 55
团花藻井 莫高窟 四九窟 盛唐 ···················· 56
团花藻井 莫高窟 七九窟 盛唐 ···················· 57
团花藻井 莫高窟 一一七窟 盛唐 ················ 58
茶花藻井井心 莫高窟 一五九窟 盛唐 ········ 59
团花藻井 莫高窟 一六六窟 盛唐 ················ 60
宝相花藻井 莫高窟 一七一窟 盛唐 ············ 61
宝相花藻井 莫高窟 二七一窟 盛唐 ············ 62
宝相花藻井 莫高窟 三一九窟 盛唐 ············ 63

宝相花藻井　作者根据莫高窟三一九窟创作的藻井 …… 64	凤凰平棋　安西榆林窟　一〇窟　元 …… 97
团花藻井　莫高窟　三八一窟　盛唐 …… 65	九佛回纹藻井　安西榆林窟　一〇窟　元 …… 98
茶花凤纹藻井　窟号失载　盛唐 …… 66	九佛回纹藻井井心　安西榆林窟　一〇窟　元 …… 99
茶花藻井　莫高窟　一五四窟　中唐 …… 67	九佛回纹藻井井心　安西榆林窟　一〇窟　元 …… 100
茶花平棋　莫高窟　一五九窟　中唐 …… 68	群舞穹顶　库木吐喇石窟　四六窟　龟兹 …… 101
茶花藻井　莫高窟　二〇一窟　中唐 …… 69	群舞穹顶（局部）　库木吐喇石窟　四六窟　龟兹 …… 102
三兔莲花藻井井心　莫高窟　二〇五窟　中唐 …… 70	群舞穹顶（局部）　库木吐喇石窟　四六窟　龟兹 …… 103
频伽莲花藻井　莫高窟　三六〇窟　中唐 …… 71	群舞穹顶（局部）　库木吐喇石窟　四六窟　龟兹 …… 104
莲花金刚杵藻井　莫高窟　三六一窟　中唐 …… 72	宝相花藻井　作者根据莫高窟三一九窟创作的藻井 …… 105
雁纹团花平棋　莫高窟　三六一窟　中唐 …… 73	作者创作的藻井　初唐风格 …… 106
莲花藻井　西千佛洞　一八窟　晚唐 …… 74	作者为香港西方寺八角塔创作的藻井　盛唐风格 …… 107
四方佛藻井　莫高窟　一四窟　晚唐 …… 75	作者为香港西方寺八角塔创作的藻井　盛唐风格 …… 108
千手观音藻井　莫高窟　一六一窟　晚唐 …… 76	作者为香港西方寺八角塔创作的藻井　盛唐风格 …… 109
千手观音藻井井心　莫高窟　一六一窟　晚唐 …… 77	作者为香港西方寺八角塔创作的藻井　盛唐风格 …… 110
龙纹鹦鹉藻井　莫高窟　三六九窟　晚唐 …… 78	
团花平棋　莫高窟　一六窟　五代 …… 79	**图版说明** …… 111
双龙莲花藻井　莫高窟　五五窟　五代 …… 80	
团龙藻井　莫高窟　六一窟　五代 …… 81	**敦煌藻井彩色图案** …… 145
团龙藻井井心　莫高窟　六一窟　五代 …… 82	裸体飞天平棋　莫高窟　四二八窟　北周 …… 147
团龙藻井　莫高窟　六一窟　五代 …… 83	藻纹人字披　莫高窟　四二八窟　北周 …… 148
团花藻井　安西榆林窟　一四窟　宋 …… 84	忍冬莲花藻井　莫高窟　三九〇窟　隋 …… 149
团花藻井井心　安西榆林窟　一四窟　宋 …… 85	莲花双龙藻井　莫高窟　三九二窟　隋 …… 150
团龙藻井　莫高窟　七六窟　宋 …… 86	莲花飞天藻井　莫高窟　四〇一窟　隋 …… 151
团龙藻井井心　莫高窟　七六窟　宋 …… 87	三兔飞天藻井　莫高窟　四〇七窟　隋 …… 152
团龙藻井　安西榆林窟　二窟　西夏 …… 88	莲花龙纹藻井　莫高窟　四六二窟　隋 …… 153
团龙藻井井心　安西榆林窟　二窟　西夏 …… 89	葡萄石榴纹藻井井心　莫高窟　二〇九窟　初唐 …… 154
团龙藻井　莫高窟　二〇七窟　西夏 …… 90	石榴花藻井井心　莫高窟　三二二窟　初唐 …… 155
团龙藻井　莫高窟　二三四窟　西夏 …… 91	团花藻井　莫高窟　四九窟　盛唐 …… 156
团龙藻井　莫高窟　二五四窟　西夏 …… 92	四方佛藻井　莫高窟　一四窟　晚唐 …… 157
团花藻井　莫高窟　三〇六窟　西夏 …… 93	团龙藻井井心　莫高窟　六一窟　五代 …… 158
团花藻井　莫高窟　三〇六窟　西夏 …… 94	团花藻井　安西榆林窟　一四窟　宋 …… 159
团龙藻井　莫高窟　三一〇窟　西夏 …… 95	九佛回纹藻井　安西榆林窟　一〇窟　元 …… 160
团花藻井　莫高窟　三三〇窟　西夏 …… 96	

敦煌藻井线描图案

莲花飞天平棋 莫高窟 二五一窟 北魏

宝池飞天平棋　莫高窟　二五七窟　北魏

莲花飞天平棋 莫高窟 四三一窟 北魏

莲花双鹅平棋 莫高窟 四三五窟 北魏

瑞兽纹饰平棋 莫高窟 四三一窟 北魏

莲花火焰纹平棋 莫高窟 四三一窟 北魏

忍冬莲花平棋　莫高窟　二四九窟　西魏

宝池莲花藻井 莫高窟 二八五窟 西魏

莲花飞天平棋 莫高窟 二八八窟 西魏

莲花飞天藻井 莫高窟 二九六窟 北周

裸体飞天平棋 莫高窟 四二八窟 北周

裸体飞天平棋　莫高窟　四二八窟　北周

飞天双虎平棋 莫高窟 四二八窟 北周

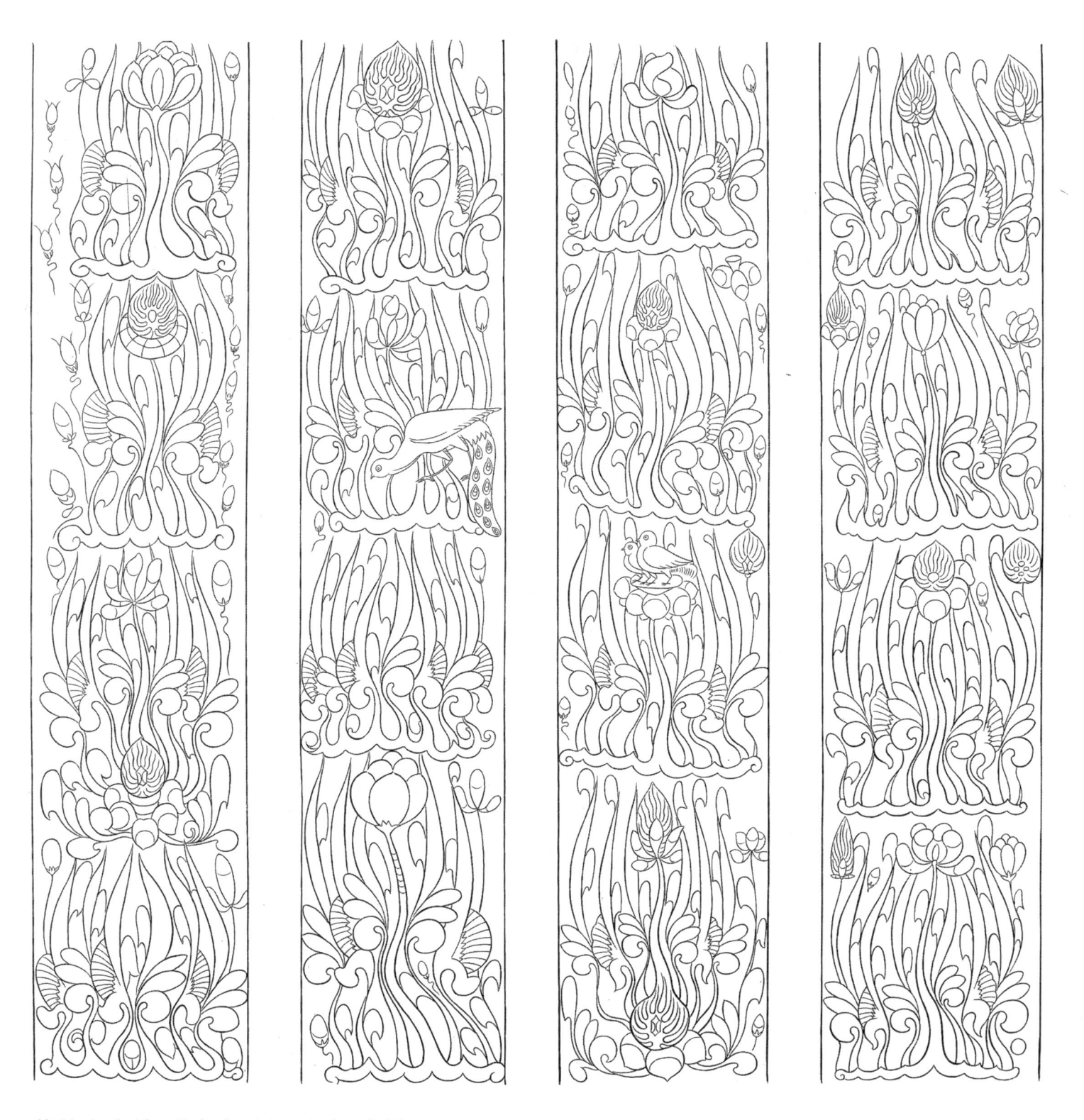

藻纹人字披　莫高窟　四二八窟　北周

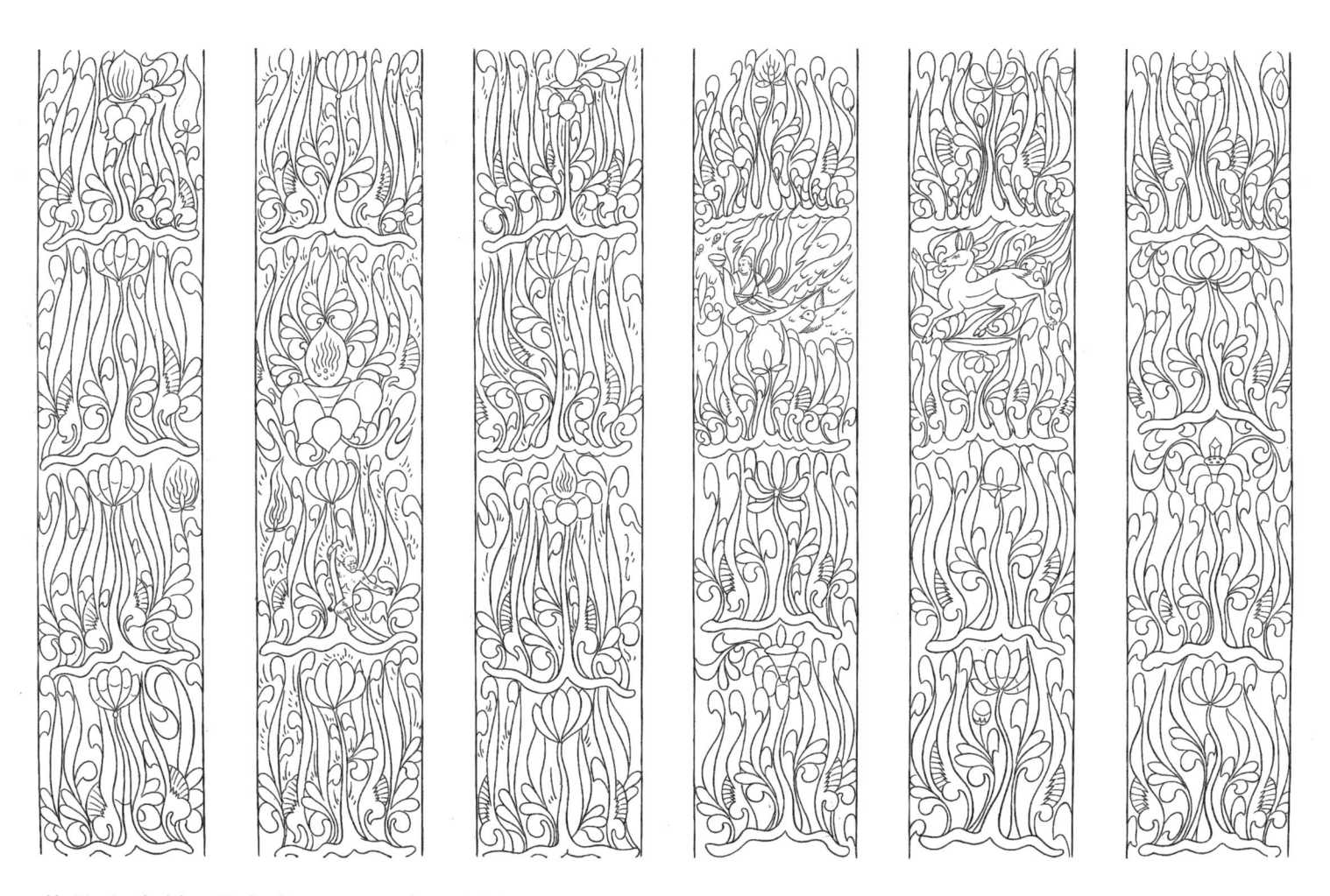

藻纹人字披 莫高窟 四二八窟 北周

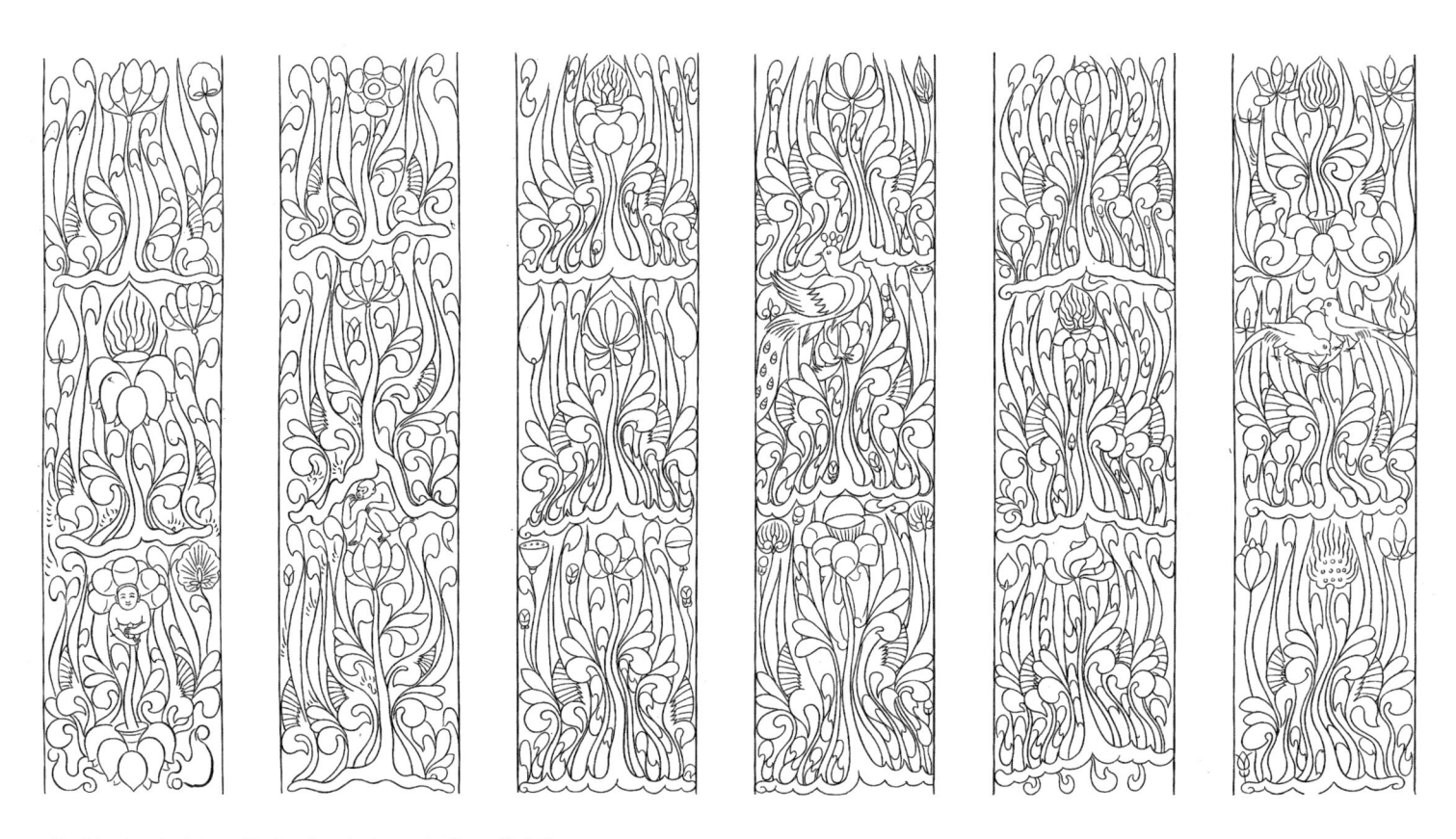

藻纹人字披 莫高窟 四二八窟 北周

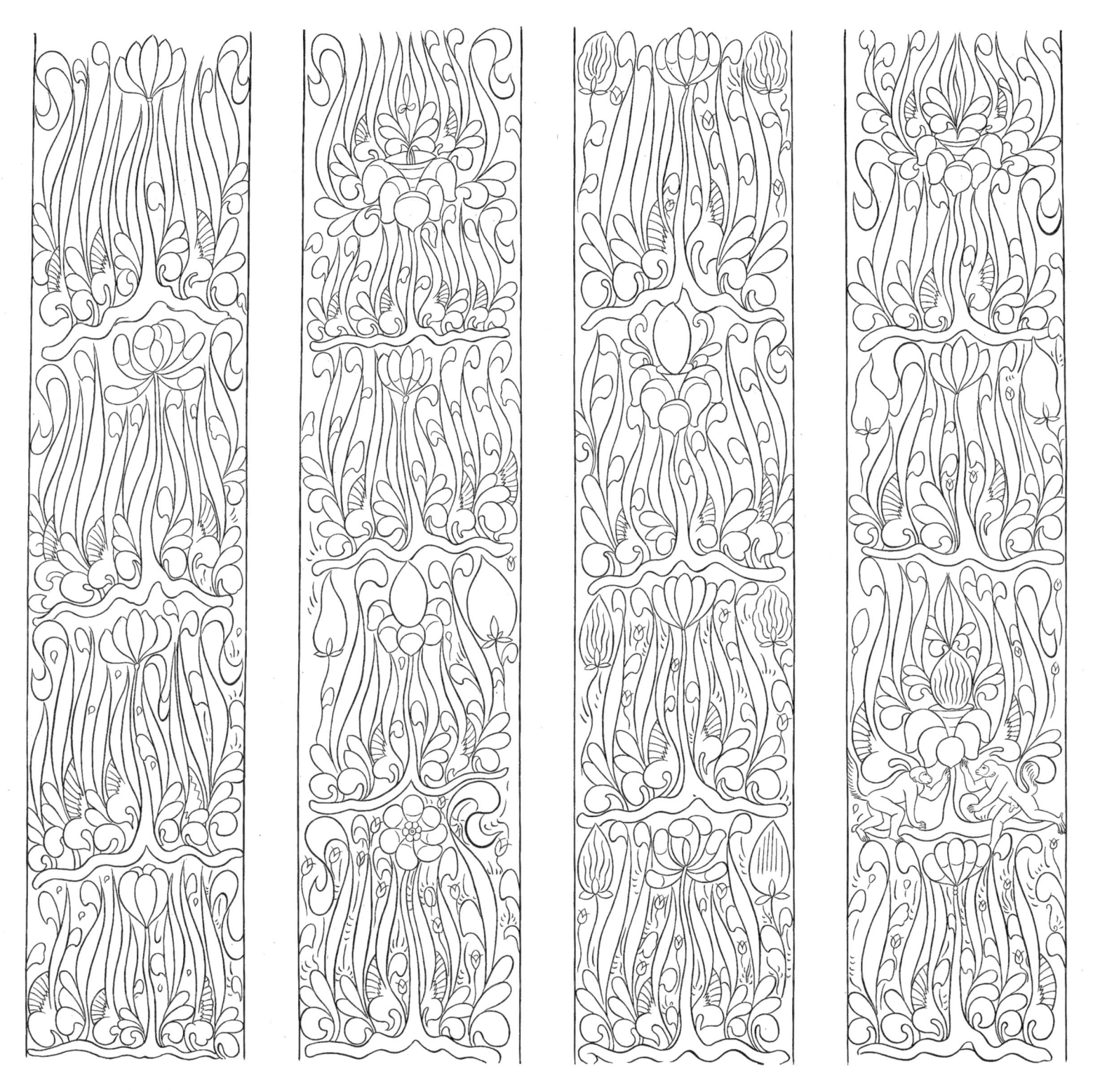

藻纹人字披 莫高窟 四二八窟 北周

对拼式平棋 莫高窟 二六八窟 北凉

莲花化生平棋 莫高窟 二六八窟 北凉

莲花飞天平棋 莫高窟 二七二窟 北凉

飞天龙纹平棋 西千佛洞 八窟 隋

莲花飞天藻井 莫高窟 三〇五窟 隋

化生伎乐藻井 莫高窟 三一一窟 隋

石榴莲花藻井 莫高窟 三七三窟 隋

化生童子藻井　莫高窟　三八〇窟　隋

莲花水纹藻井 莫高窟 三八六窟 隋

莲花藻井　莫高窟　三八八窟　隋

忍冬莲花藻井 莫高窟 三九〇窟 隋

莲花双龙藻井 莫高窟 三九二窟 隋

莲花连花藻井　莫高窟　三九二窟　隋

莲花方璧藻井 莫高窟 三九三窟 隋

莲花方璧藻井 莫高窟 三九三窟 隋

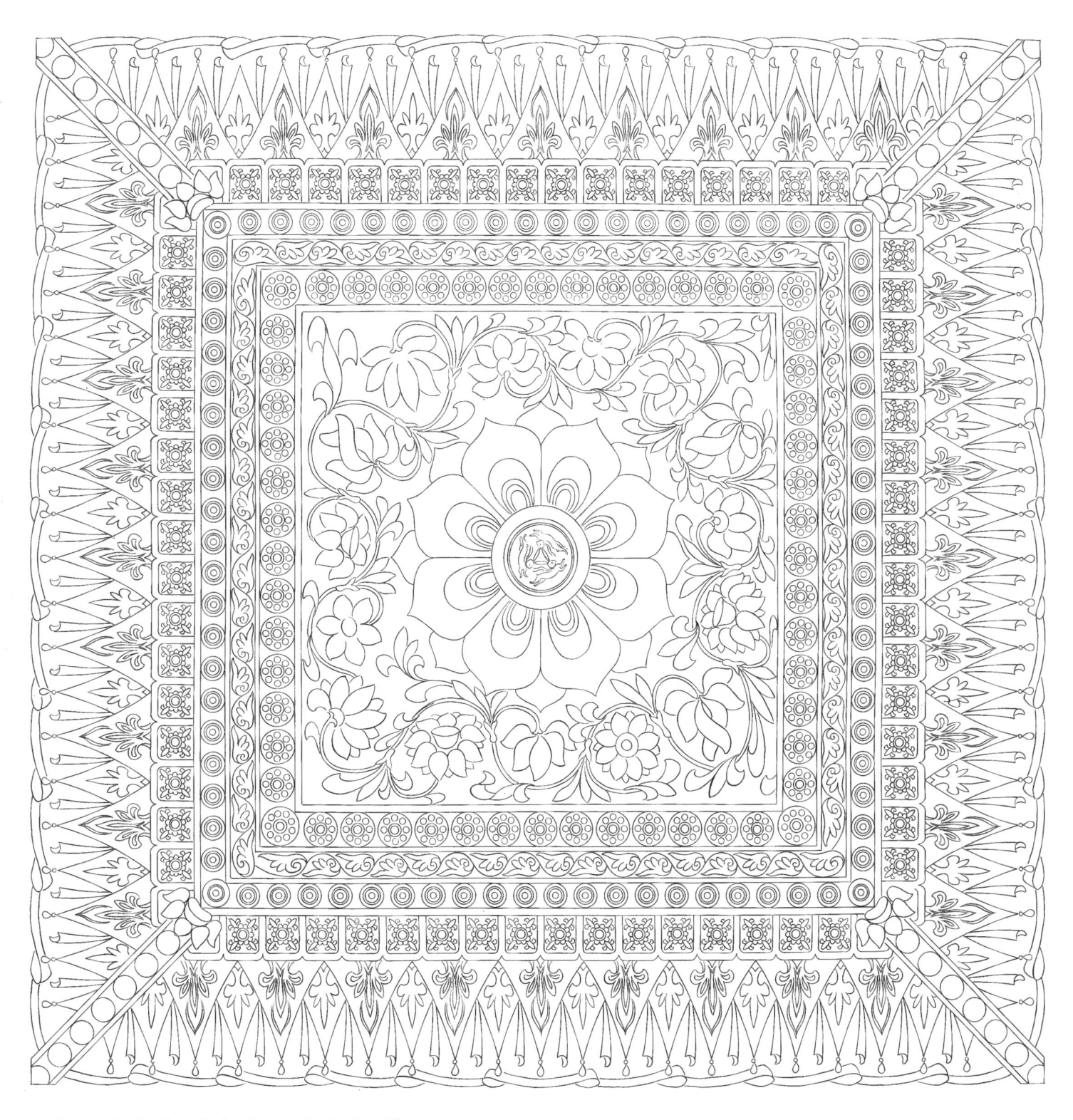

三兔忍冬藻井 莫高窟 三九七窟 隋

莲花火纹藻井 莫高窟 三九八窟 隋

莲花飞天藻井　莫高窟　四〇一窟　隋

忍冬莲花藻井　莫高窟　四〇五窟　隋

忍冬莲花藻井 莫高窟 四〇五窟 隋

三鹿火纹藻井　莫高窟　四〇六窟　隋

三兔飞天藻井 莫高窟 四〇七窟 隋

三兔莲花藻井 莫高窟 四〇七窟 隋

莲花化生藻井　莫高窟　三一四窟　隋

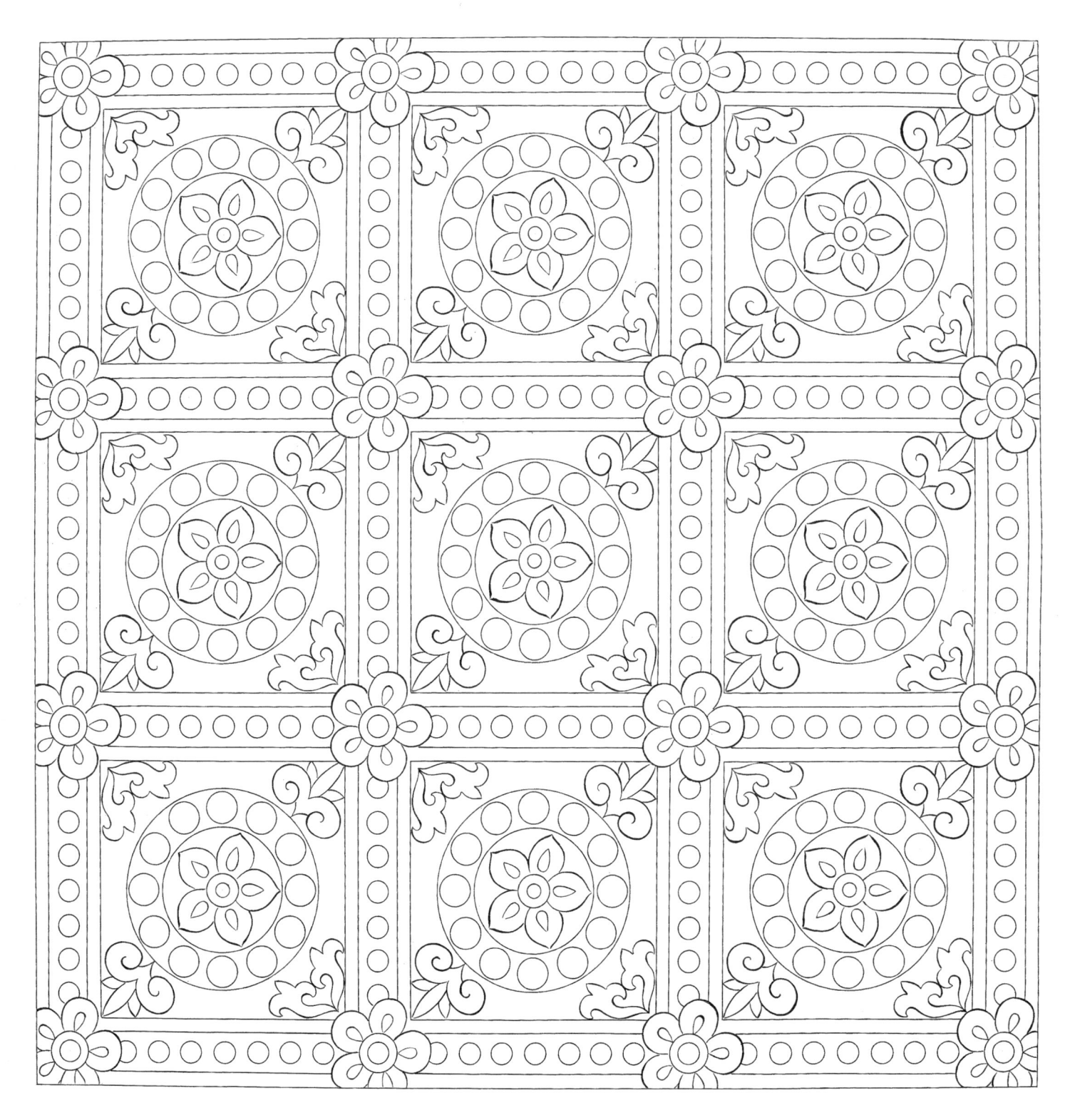

连珠棋格图案 莫高窟 四二七窟 隋

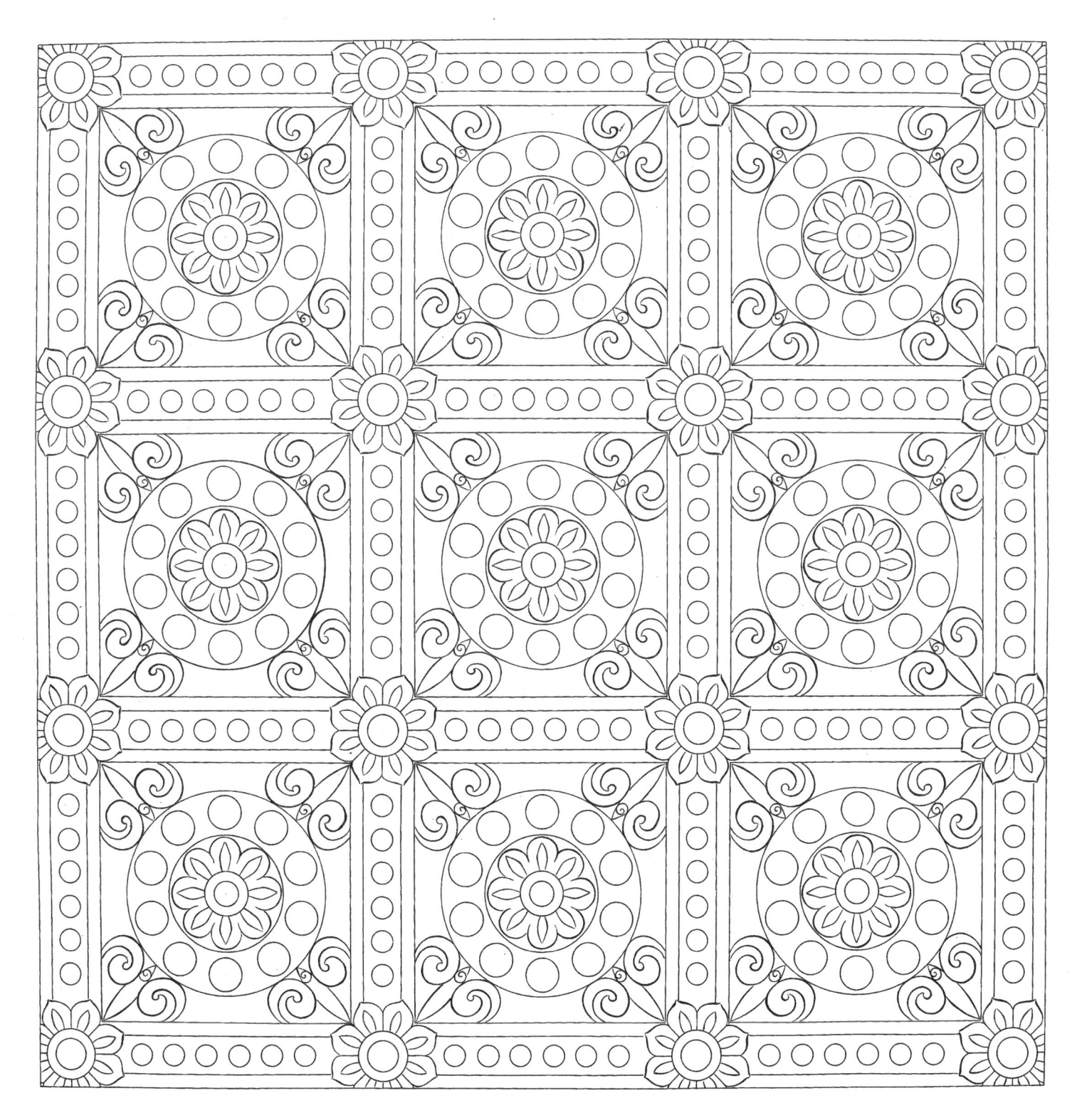

连珠棋格图案 莫高窟 四二七窟 隋

莲花龙纹藻井 莫高窟 四六二窟 隋

莲花飞天藻井 莫高窟 四〇一窟 隋

茶花藻井井心 莫高窟 三一窟 初唐

华　盖　莫高窟　六六窟　初唐

葡萄石榴纹藻井井心 莫高窟 二〇九窟 初唐

团花藻井井心　莫高窟　三二一窟　初唐

石榴花藻井井心 莫高窟 三二二窟 初唐

莲花藻井 莫高窟 三三一窟 初唐

团花藻井　莫高窟　三三四窟　初唐

宝相花藻井井心 莫高窟 三三五窟 初唐

团花藻井 莫高窟 四九窟 盛唐

团花藻井 莫高窟 七九窟 盛唐

团花藻井 莫高窟 一一七窟 盛唐

茶花藻井井心　莫高窟　一五九窟　盛唐

团花藻井　莫高窟　一六六窟　盛唐

宝相花藻井 莫高窟 一七一窟 盛唐

宝相花藻井　莫高窟　二一七窟　盛唐

宝相花藻井 莫高窟 三一九窟 盛唐

宝相花藻井　作者根据莫高窟三一九窟创作的藻井

团花藻井 莫高窟 三八一窟 盛唐

茶花凤纹藻井 窟号失载 盛唐

茶花藻井　莫高窟　一五四窟　中唐

茶花平棋 莫高窟 一五九窟 中唐

茶花藻井 莫高窟 二〇一窟 中唐

三兔莲花藻井井心 莫高窟 二〇五窟 中唐

频伽莲花藻井　莫高窟　三六〇窟　中唐

莲花金刚杵藻井　莫高窟　三六一窟　中唐

雁纹团花平棋 莫高窟 三六一窟 中唐

莲花藻井　西千佛洞　一八窟　晚唐

四方佛藻井 莫高窟 一四窟 晚唐

千手观音藻井 莫高窟 一六一窟 晚唐

千手观音藻井井心 莫高窟 一六一窟 晚唐

龙纹鹦鹉藻井 莫高窟 三六九窟 晚唐

团花平棋 莫高窟 一六窟 五代

双龙莲花藻井 莫高窟 五五窟 五代

团龙藻井 莫高窟 六一窟 五代

团龙藻井井心　莫高窟　六一窟　五代

团龙藻井 莫高窟 六一窟 五代

团花藻井 安西榆林窟 一四窟 宋

团花藻井井心　安西榆林窟　一四窟　宋

团龙藻井 莫高窟 七六窟 宋

团龙藻井井心 莫高窟 七六窟 宋

团龙藻井 安西榆林窟 二窟 西夏

团龙藻井井心 安西榆林窟 二窟 西夏

团龙藻井 莫高窟 二〇七窟 西夏

团龙藻井 莫高窟 二三四窟 西夏

团龙藻井 莫高窟 二五四窟 西夏

团花藻井 莫高窟 三〇六窟 西夏

团花藻井 莫高窟 三〇六窟 西夏

团龙藻井　莫高窟　三一〇窟　西夏

团花藻井　莫高窟　三三〇窟　西夏

凤凰平棋 安西榆林窟 一〇窟 元

九佛回纹藻井　安西榆林窟　一〇窟　元

九佛回纹藻井井心 安西榆林窟 一〇窟 元

九佛回纹藻井井心 安西榆林窟 一〇窟 元

群舞穹顶 库木吐喇石窟 四六窟 龟兹

群舞穹顶（局部） 库木吐喇石窟 四六窟 龟兹

群舞穹顶（局部） 库木吐喇石窟 四六窟 龟兹

群舞穹顶（局部） 库木吐喇石窟 四六窟 龟兹

宝相花藻井　作者根据莫高窟三一九窟创作的藻井

作者创作的藻井　初唐风格

作者为香港西方寺八角塔创作的藻井　盛唐风格

作者为香港西方寺八角塔创作的藻井　盛唐风格

作者为香港西方寺八角塔创作的藻井　盛唐风格

作者为香港西方寺八角塔创作的藻井　盛唐风格

图版说明

莲花飞天平棋

莫高窟　二五一窟　北魏

敦煌早期石窟中一部分有中心塔柱，这样石窟顶部就不可能设计出中心图案，而是绕着中心塔柱因形制设计一周平棋图案。此图案中心莲花绘于七宝池之中，由中心依次叠涩为忍冬纹、火焰纹，四岔角各绘一飞天。有趣的是其外框各边饰都不相同，有三种忍冬纹和四种几何纹，这似乎不符合中心对称图形的布局原理，但在早期莫高窟平棋中，这是常见的布局方式，体现了时代特色。

宝池飞天平棋

莫高窟　二五七窟　北魏

生长着莲花的七宝池中游弋着四童子。其外布局依次为水藻纹、火焰纹，四岔角上绘四身飞天，外边框为式样各异的忍冬纹和几何纹。

莲花飞天平棋

莫高窟　四三一窟　北魏

中心盛开莲花，其由内向外依次绘有忍冬纹间水藻纹和不多见的琴弦纹，四个外岔角上绘有飞天和化生童子，外框绘忍冬纹和几何纹。

莲花双鹅平棋

莫高窟　四三五窟　北魏

游弋着双鹅的七宝池上盛开着莲花，其外依次叠涩着忍冬纹、火焰纹，四个外岔角上是四身飞天，最外四条边饰是忍冬纹与规整的几何条纹。

瑞兽纹饰平棋

莫高窟　四三一窟　北魏

这是一对要结合在一起介绍的平棋图案，一系列行进的平棋图案被白虎、青龙、朱雀相隔。主题是开放的莲花，由内至外依次叠涩有藻纹、火焰纹、忍冬纹、飞天以及各式几何纹。

莲花火焰纹平棋

莫高窟　四三一窟　北魏

此图的忍冬纹饰与藻纹、火焰纹有打乱布局排列的趋势，但只要遵循于方正的设计原则，总体排布仍是有条不紊的。

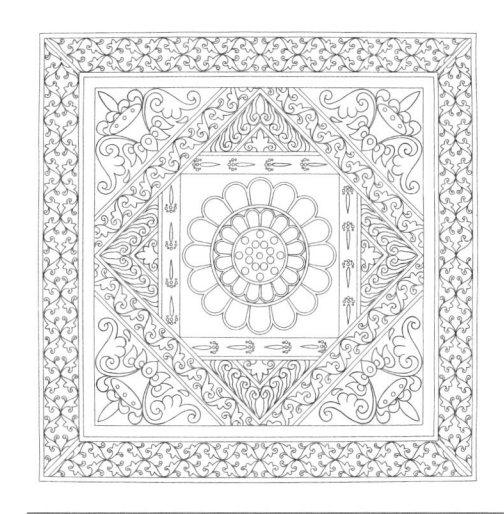

忍冬莲花平棋

莫高窟　二四九窟　西魏

这幅平棋各条边饰规整而统一，各对应部分都以相同纹饰布局，已经有意应和中心图式设计的规则。

宝池莲花藻井

莫高窟　二八五窟　西魏

这幅藻井是由同时代四平棋图案演变而来，四周垂角纹之内就是一幅完整的平棋图案。现作为整窟顶部的装饰，就要将其外延的面积尽量放大再放大，以适合藻井实施空间的实际面积。

莲花飞天平棋

莫高窟　二八八窟　西魏

早期平棋图案中常用的纹饰就是以后时代里常见的创作元素。拿此图案来说，其中的中心莲花、忍冬纹饰、飞天、菱格纹饰，在以后近千年的图案创作中得以常用。火焰纹、水藻纹就较少应用。

莲花飞天藻井

莫高窟　二九六窟　北周

这是敦煌早期藻井艺术中面积较大也是较复杂的一幅藻井图案。它已具备了向隋唐图案艺术过渡的所有元素，比如：图案复杂、密度很高、各层边饰形成了一周闭合的规整等。

裸体飞天平棋

莫高窟　四二八窟　北周

与上图藻井非常相似，这就叫作时代风尚。当一种成功的新样式和新设计诞生并被同行业界认可，便成为这一时期同行们效仿的目标。此图便效仿前图，这种现象存在于敦煌艺术的各个时期。

裸体飞天平棋

莫高窟　四二八窟　北周

佛教壁画并没有像儒家艺术那么反对裸体形象的存在。同时敦煌艺术又深受印度艺术与希腊艺术的影响，壁画中的半裸飞天比比皆是，但像这幅藻井中出现全裸并明显地标识男性特征的飞天是绝无仅有的。

飞天双虎平棋

莫高窟　四二八窟　北周

早期平棋的创作常常带有不拘一格的随意性，比如这幅平棋就在本不统一对称的外边饰的对称边上绘有两对老虎，留下了很特别的图形，而其余各个方面与其他平棋图案无太大差别。

藻纹人字披

莫高窟　四二八窟　北周

屏风式的忍冬图案上下分四层，层层浮动向上，就像随着水波飘摇的水藻。此类图案都绘制在早期中心柱石窟的前庭人字坡的两边，就像屋顶的椽子一样，人字形对称一一排列。

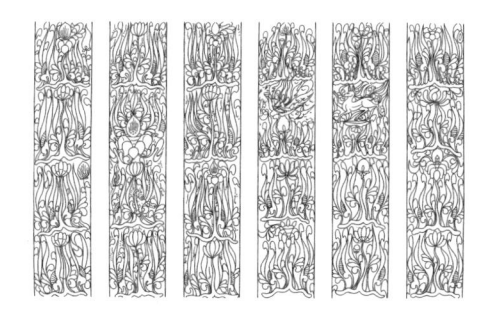

藻纹人字披

莫高窟　四二八窟　北周

看到这种绘制就像进入了静静的密林，其间有鹿，有飞天。每组纹饰均分四层，每一层均以忍冬绕莲的形式进行设计组合，给人整齐划一的美感。

藻纹人字披

莫高窟　四二八窟　北周

相似的忍冬莲花丛中有孔雀、小鸟、化生童子，给这纯建筑装饰图案增添了生机。每一组忍冬和被围在中间的莲花处处求变，使观者体会到了作者的苦心所在。

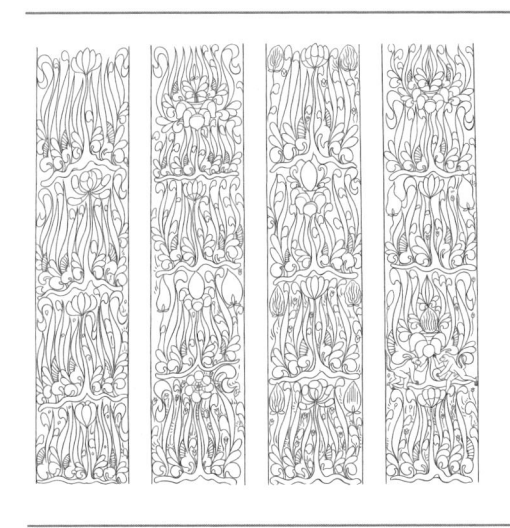

藻纹人字披

莫高窟　四二八窟　北周

在整齐划一的布局中，细节之处还是求变化的。定好了大框架的格局后，在已经不会影响到总体格局的情况下，求变是这一题材的追求所在。

对拼式平棋

莫高窟　二六八窟　北凉

敦煌艺术的建筑装饰部分有着十分巨大的适应性。此图案便是创作者在不够绘制一个大平棋图案的情况下，在靠近墙角的尽头以两个小平棋代替了半个大平棋，使构图显得既完整又新颖独特。

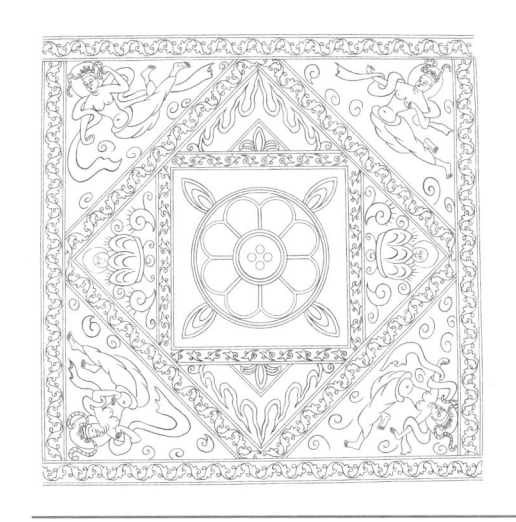

莲花化生平棋

莫高窟　二六八窟　北凉

这幅平棋图案不同于同时代其他作品的地方在于，第二层岔角处出现了莲花化生。"化生"这一题材通常出现在"西方极乐世界"中，但创作者为了将该图设计得完美，将化生设计于此，既符合图案风格也充实了图案内涵。

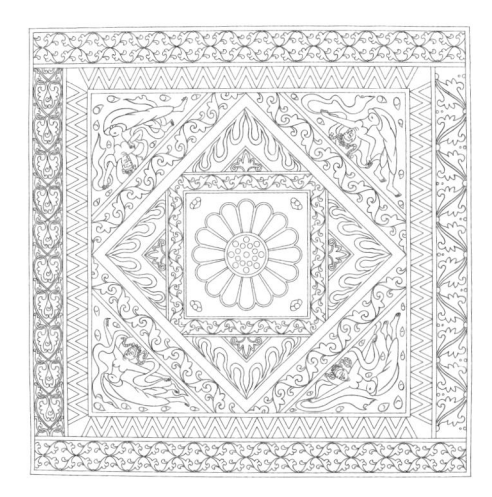

莲花飞天平棋

莫高窟　二七二窟　北凉

这是一幅成熟的平棋图案，对边饰的设计已经注意到了对称统一及相似、协调的原则。

飞天龙纹平棋

西千佛洞　八窟　隋

这幅平棋图案是龙纹的世界，在所有边饰中除了连锁水藻纹，就是具有早期玉文化时代特征的龙符号。四个内岔角上有坐佛，坐佛的四个外岔角上是具有灵动感的飞天。

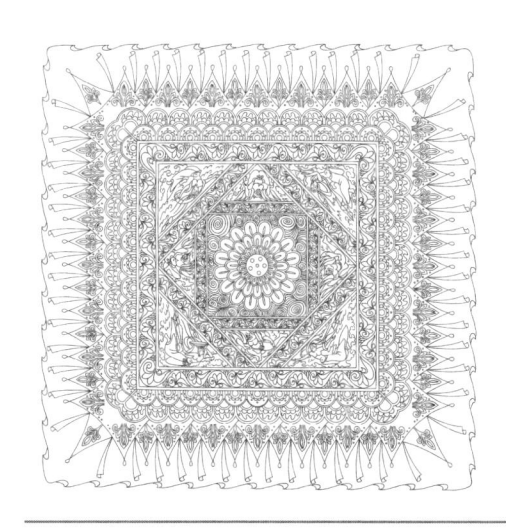

莲花飞天藻井

莫高窟　三〇五窟　隋

石窟的形制到隋代就以庭堂式代替了中心塔柱式，窟顶的壁画设计也由藻井代替了平棋。此藻井已经具备了完整的延展部分，就是垂角纹与垂幔部分，做到了石窟顶的平面部分由一铺完整的藻井来覆盖。

化生伎乐藻井

莫高窟　三一一窟　隋

井心是盛开的重瓣大莲花，围绕其外的是奏乐莲花化生童子，接下来依次是小团花、连珠纹、方璧纹、垂角纹、垂幔。构图和绘制十分整齐、规律，已经进入本时期藻井图案程式化作业。

石榴莲花藻井

莫高窟　三七三窟　隋

此藻井在设计上进行了突破，中心由十字交叉的石榴花构成，打破了莲花一统天下的局面，又把莲花一整四剖地设计在四个角上，这一搭配稳重而平衡。

化生童子藻井

莫高窟　三八〇窟　隋

这是一幅北朝平棋的改进版，中心是一尊佛坐于莲花上。由中心向外辐射出层层光晕，和北朝的平棋设计一样，其外岔角上绘火焰纹。与早期粗犷的山形火焰纹不同的是，这里的火形火焰纹更具艺术性。

莲花水纹藻井

莫高窟　三八六窟　隋

这幅作品在边饰绘制中出现了新的形式，连珠纹的一整二剖成功地得到了应用。四个外角上的莲花设计也较少见到。

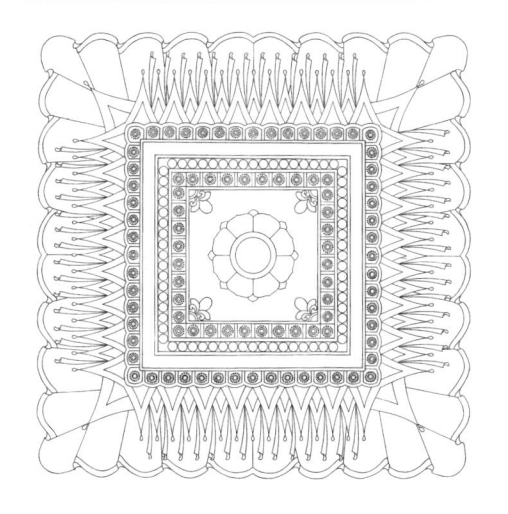

莲花藻井

莫高窟　三八八窟　隋

这幅作品给观者一种规整的视觉感受。在符合时代感的设计中突出发挥了外延的设计，垂角纹与垂幔两者合一的面积增大并极其工整。

忍冬莲花藻井

莫高窟　三九〇窟　隋

此藻井帷幔上的连珠纹以动态的形式出现在褶边纹上，这是一种创造性的设计。其他各个部分的绘制也趋于华丽和复杂。七宝池中的缠枝莲花是此时期出现的新样式。

莲花双龙藻井

莫高窟　三九二窟　隋

中心莲花盛开的池中腾空跃出二条蛟龙，井心腾龙是这一时代的创举。其外依旧罗列连珠纹、贝纹、垂角纹和垂幔。

莲花连花藻井

莫高窟　三九二窟　隋

中心由缠枝莲花纹围绕着盛开的莲花，其中层边饰里的忍冬纹饰已趋于多样化、复杂化，为以后的变化迈出了新的脚步。

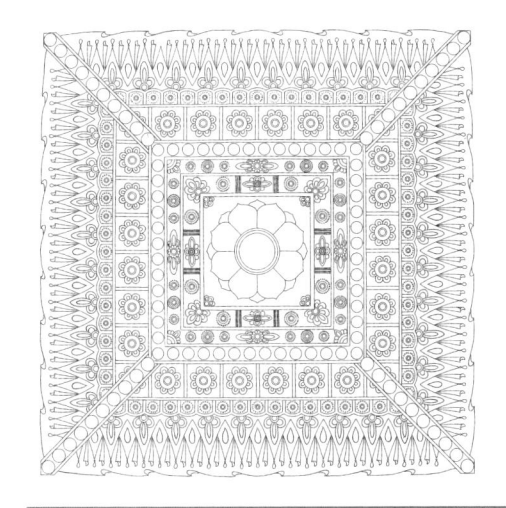

莲花方璧藻井

莫高窟　三九三窟　隋

在没有忍冬纹之类的蔓草植物纹饰时，藻井的设计就会较多地出现各式连珠及方格布局，这也展现出不同的风格。

莲花方璧藻井

莫高窟　三九三窟　隋

这幅隋代藻井中出现了北朝时期惯用的忍冬连续纹饰，由此看来一种艺术形式的确立和消失不是一朝一夕的事情，而是有一个漫长的过程，隋代图案便体现了北朝艺术向唐代艺术的过渡。

三兔忍冬藻井

莫高窟　三九七窟　隋

这幅藻井有别于同时代其他藻井的显著特点是：中心开放的大莲花中央有蹬轮奔跑的三只兔子。兔子常出现在佛教本生故事中，所以佛教壁画中的每处营造都是有根据的。

莲花火纹藻井

莫高窟　三九八窟　隋

盛开的莲花中央是旋转的晕纹，依次向外是菱格纹、火焰纹、连续忍冬纹、方璧纹、垂角纹及折叠垂幔。藻井中心仍保存了叠涩岔角的形制。

莲花飞天藻井

莫高窟　四○一窟　隋

四身奏乐天女，围绕着盛开的莲花旋转，向外依次排有连珠纹等各种纹饰，四个岔角上设计的四身坐佛是该藻井的亮点。

忍冬莲花藻井

莫高窟　四○五窟　隋

图案中央盛开着重瓣莲花，四周围绕着缠枝忍冬纹。其余部分的设计大都应和了同时代的制式。

忍冬莲花藻井

莫高窟　四〇五窟　隋

这是一幅完全符合时代特点的藻井图案，从内到外的层次和罗列方式都体现了时代的印迹。

三鹿火纹藻井

莫高窟　四〇六窟　隋

盛开的莲花中央绘有三只奔跑的鹿，鹿和兔子一样也常出现在佛教本生故事中。其外火焰纹、忍冬纹等都是必备的绘制元素。

三兔飞天藻井

莫高窟　四〇七窟　隋

三兔之外是重瓣大莲花，围绕莲花飘飞着众多飞天、童子、宝相飞花、云气等。其外的菱格纹、叠贝纹等都繁密排布。

三兔莲花藻井

莫高窟　四〇七窟　隋

莲花中心是三兔奔跑图案。这一时期三兔藻井十分普遍，直到初唐后期才退出藻井图案。不同的是在藻井井心的外岔角中设计进了紧那罗，紧那罗相貌奇异，是佛教中的快乐之神之一。

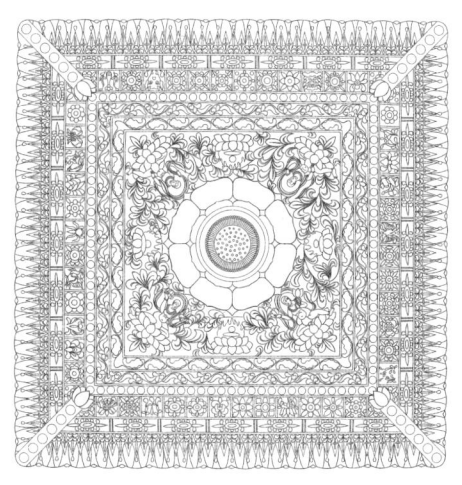

莲花化生藻井

莫高窟　三一四窟　隋

藻井中心绘八瓣莲花，方形井心的四角各有一化生童子坐在莲花上。井心四角各绘一朵小花，井心外的忍冬边饰、垂角纹、垂幔都描绘得很细致。

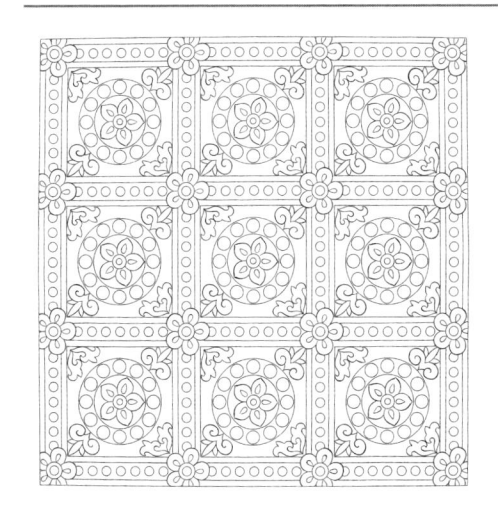

连珠棋格图案

莫高窟　四二七窟　隋

这是天王胸衣上的图案。纵横成格的直条纹上绘有连珠纹，是中亚地区流行的图案，后随丝绸之路商品贸易来到唐长安城。可见当时是以人间物品来装扮佛国世界的。

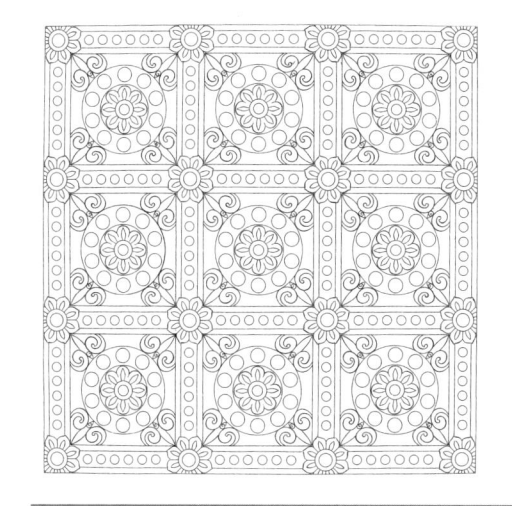

连珠棋格图案

莫高窟　四二七窟　隋

连珠纹是敦煌石窟中常用的纹饰，主要用于衣饰、建筑顶和地砖的装饰花纹。

莲花龙纹藻井

莫高窟　四六二窟　隋

图案中心是开放的大莲花，其外四角绘莲花花蕾。其外的水藻纹、火焰纹、龙纹等描绘得非常生动。再外围部分的垂角处没有绘制通常都有的垂幔，更显风格别样。

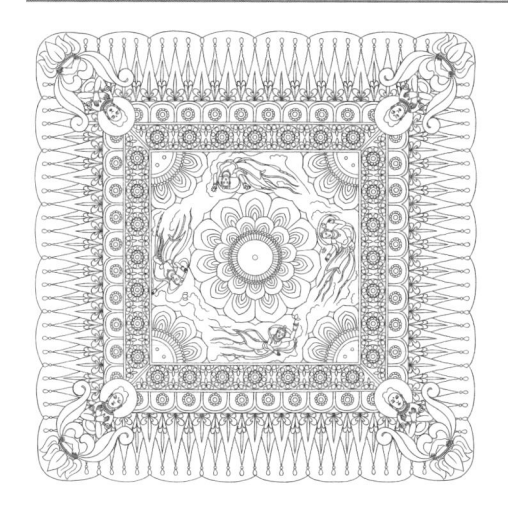

莲花飞天藻井

莫高窟　四〇一窟　隋

中心布局一整四剖的莲花，其间四飞天转运飞翔。藻井的四个外角上四位菩萨结跏趺坐，造型端庄美丽。

茶花藻井井心

莫高窟　三一窟　初唐

初唐的藻井心明显与隋代的不同，轻柔的忍冬纹变成了粗放的卷草纹，井心中间的莲花也演变成了团花，并出现了半团花。

华　盖

莫高窟　六六窟　初唐

华盖是身份和威严的象征，这幅椭圆形的华盖是佛龛顶部长方形面积的适合图形。一个大的椭圆形华盖中间有一个小的圆华盖。两层华盖随风灵动，顺时针旋转，其间饰有方璧、忍冬纹以及飘拂的璎珞。

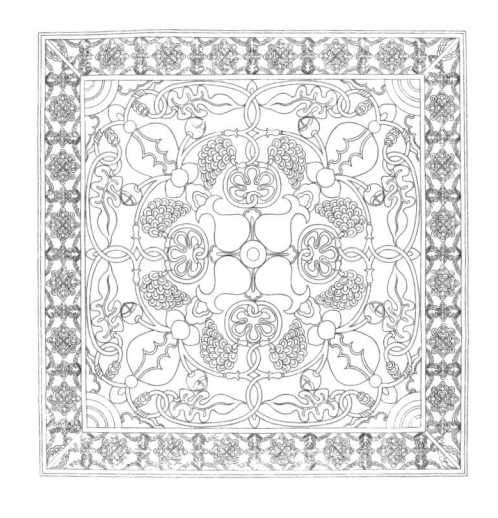

葡萄石榴纹藻井井心

莫高窟　二〇九窟　初唐

四个对角的石榴、八串环绕的葡萄、十二片叶子都被串连在了一个闭合的藤蔓之上。外边框是小团花和一整二剖的十字花构成的连续边饰。两种水果都是西域的特产，在这里画师把它们都高度艺术化了。

团花藻井井心

莫高窟　三二一窟　初唐

中心是一大团花，外围是两层连珠纹之中穿行的忍冬纹，最外一条边则是两种半团花构成的肥瘦相间的连续纹边饰。

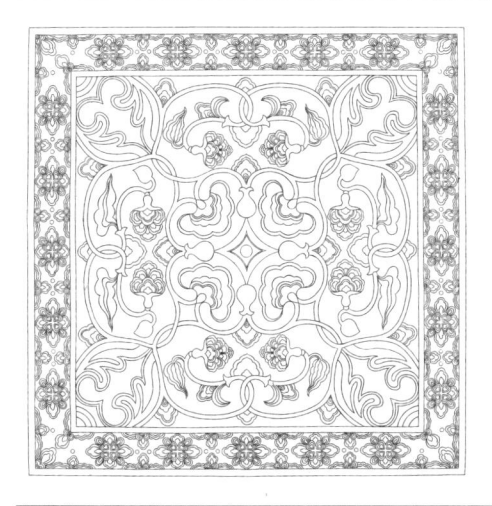

石榴花藻井井心

莫高窟　三二二窟　初唐

图案中罗列了各种石榴花与花叶，由几条枝蔓绕行其间，将各色艺术元素串连成有机的一体。

莲花藻井

莫高窟　三三一窟　初唐

藻井中心开放一朵大团花，在向外层层推进中，我们可以看到二条非常别致的水藻方璧纹。敦煌壁画属写意范畴，但那一段段写实的水藻纹在这里描绘得让人叹为观止。

团花藻井

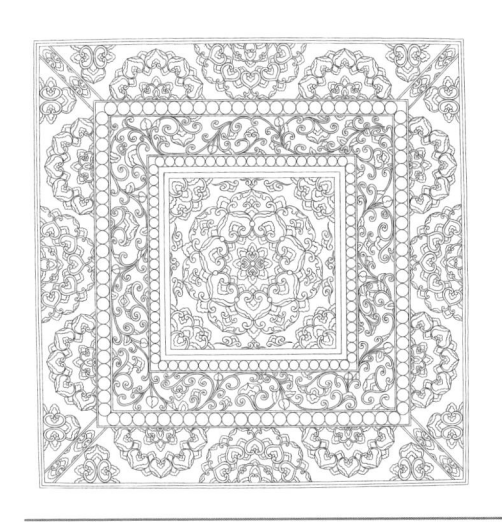

莫高窟　三三四窟　初唐

在藻井构图中，往往一个元素会被反复利用。具体施工绘制中，这样不但可以营造出对称和统一的效果，而且可以提高工作效率。这幅藻井的外边饰图形就取自井心。

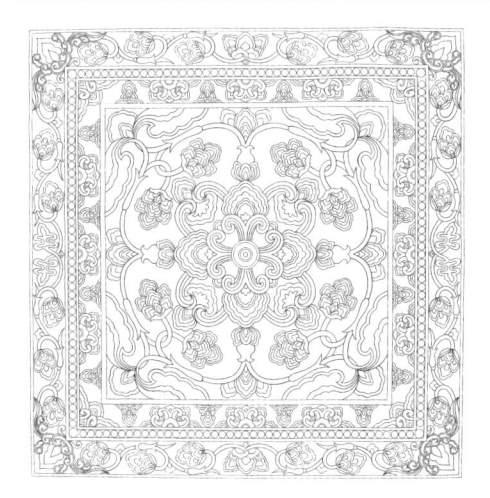

宝相花藻井井心

莫高窟　三三五窟　初唐

藻井井心团花的四周用缠枝造型相互串接，外边饰用同样的方法构图。细细观察可以发现藻井的基本构成元素并不多，但在设计者的辗转腾挪中却变得丰富多彩。

团花藻井

莫高窟　四九窟　盛唐

藻井以团花为主要构成元素，其特别之处在于外围的贝纹和垂角纹，微风荡漾之下，把垂角和折皱的垂幔吹拂得旋转起来，非常生动。

团花藻井

莫高窟　七九窟　盛唐

这是一幅下了很大功夫才设计出来的线稿图，在步步为营的向外拓展中，每层的营造都是不同的花型和艺术元素。这是团花的世界，应该算是藻井线稿中的极品之一。

团花藻井

莫高窟　一一七窟　盛唐

藻井中心是开放的大团花，四个角上有相呼应的角花，其外有菱格纹、一整二剖的团花边饰、连续花纹边饰等，对最外层的璎珞、铃铛也进行了一番细致的编排。

茶花藻井井心

莫高窟　一五九窟　盛唐

这是一幅著名的团花藻井井心。中心是开放的莲花，其外是缠枝茶花纹，井心四角上是中心莲花的一整四剖的图形，外边饰是一整二剖的茶花边饰。

团花藻井

莫高窟　一六六窟　盛唐

藻井仍以团花、半团花为主要构成元素，其中可圈可点的地方在于：其外围的贝形纹也叫鳞甲纹的造型已异于先前的弧形，出现了新的设计造型。垂角与璎珞也是独创的新造型。

宝相花藻井

莫高窟　一七一窟　盛唐

盛唐经济水平的不断提高，物质的极大丰富，也体现在对艺术的大量投入上。在敦煌壁画中出现了一批图案密度极高的藻井，此时壁画的人物画到了成熟阶段，画案艺术也进入了成熟期。

宝相花藻井

莫高窟　二一七窟　盛唐

这幅团花藻井的中心大团花与团花边饰是一样的造型，为的是差异中求统一之美。内圈边饰里的一周自由花边起到了调解气氛的作用，使四平八稳的图案氛围趋于活跃。

宝相花藻井

莫高窟　三一九窟　盛唐

这是石窟前庭顶上长方形空间的适应性图案，宝相花即为团花。层层向外依次有连珠纹、云头纹、缠枝纹、一整二剖团花纹，这些纹饰都起到了烘托气氛的作用，对中心的四个大团花形成众星捧月之势。

宝相花藻井

这幅藻井是本书作者对上一幅四团花藻井的重新设计，将其设计成为敦煌艺术中通常所见的中心对称方形藻井。

宝相花藻井

此图案也是本书作者对盛唐三一九窟藻井的又一次相似式改编设计。

团花藻井

莫高窟　三八一窟　盛唐

这幅藻井从大小到复杂程度上都没有特别之处，但此种形制的设计在莫高窟、榆林窟都非常鲜见。

茶花凤纹藻井

窟号失载　盛唐

这是一幅小型的茶花藻井，别致的地方在于每条自由边饰都有一只凌空飞翔的凤鸟，拖着长长的羽毛，羽毛和长长的卷草纹边饰合二为一。

茶花藻井

莫高窟　一五四窟　中唐

这是一幅茶花藻井，以茶花的基本形态向外层拓展。其中我们可以看到一周精美的卷草纹。进入中唐，卷草纹就基本取代了团花的重要位置。

茶花平棋

莫高窟　一五九窟　中唐

这是平棋图案的一个四方连续单元，四个大团花两两斜角相对，以茶花为基本单位在各个角落细致绘制，隔开四团花的框架上依旧是统一形制的小团花。

茶花藻井

莫高窟　二〇一窟　中唐

这幅藻井的团花非常精彩，充实地占据了整个井心，其外的卷草纹边饰也显得活力四射。这幅藻井就像卷草纹边饰和团花的斗艳舞台。

三兔莲花藻井井心

莫高窟　二〇五窟　中唐

这是一幅云头纹围拱下的三兔井心，井心呈现团花状。这三兔共用三只耳朵，但视觉上每只兔子都有属于自己的两只耳朵。画师巧妙地运用了中心对称图形的原理。

频伽莲花藻井

莫高窟　三六〇窟　中唐

开放的莲花中心是一身奏乐的迦陵频伽，其外——罗列云头纹、回纹、菱格纹、连珠纹、卷草纹、垂角纹、璎珞、垂幔，布局严谨细致。

莲花金刚杵藻井

莫高窟　三六一窟　中唐

开放的莲花中心是十字金刚杵，四角上是一整四剖的对角莲花，中层有标志时代特点的卷草纹。比较特别的是藻井的垂角纹以外的垂幔装饰，众多随风摇曳的饰品都是那个时代礼佛的必备物品。

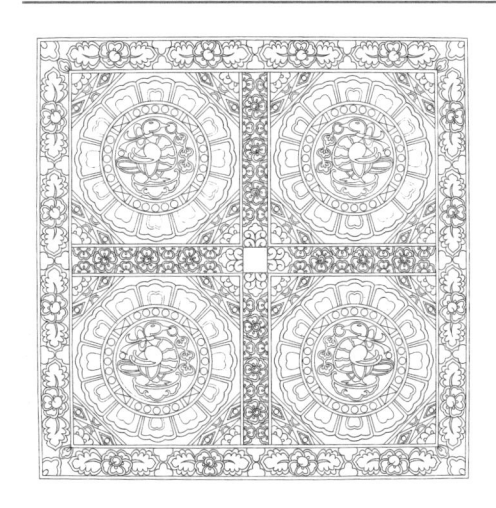

雁纹团花平棋

莫高窟　三六一窟　中唐

四幅雁纹团花被茶花边饰围绕着，是团花也是连珠纹的变换表现形式。大雁是沙漠绿洲上常见的鸟类，唐代丝绸之路上便有这样的诗句：征蓬出汉塞，归雁入胡天。

莲花藻井

西千佛洞　一八窟　晚唐

这一时期中心的莲花与金刚杵及其他各式边饰都呈萎缩状态，只有本时代的标志——卷草纹边饰蓬勃兴旺起来。

四方佛藻井

莫高窟　一四窟　晚唐

这是一幅非常特别的藻井，由四幅说法图构成。实体藻井中下宽上窄的人字披，正适合设计绘制这众星捧月的讲经说法场景。

千手观音藻井

莫高窟　一六一窟　晚唐

这是一幅有标志性特征的藻井，把结跏趺坐的千手千眼观音菩萨，设计成为圆形的外轮廓形式，以取代团花。四个内角的对接图案是四个小飞天。这一时期连珠纹和回纹渐渐多了起来。

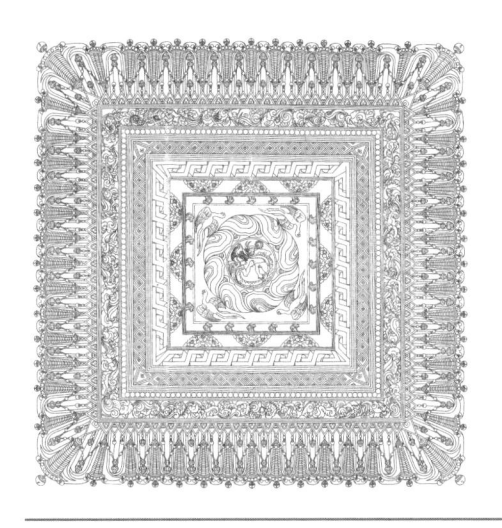

龙纹鹦鹉藻井

莫高窟　三六九窟　晚唐

井心是刚刚绽放的旋转莲花，四个内角上环绕着鹦鹉，其外依次是云头纹、茶花纹、回纹、菱格纹、连珠纹、卷草纹、垂角纹、璎珞、垂幔等。在藻井外围边饰存在程式化倾向的同时，井心不断变化是这一时代的特点，并趋向于整体高密度的设计与绘制。

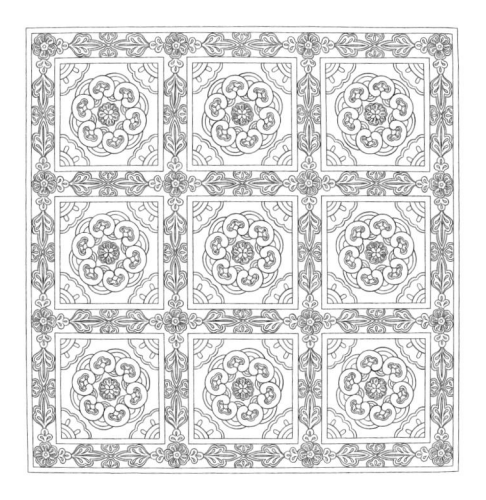

团花平棋

莫高窟　一六窟　五代

这是以茶花为基本构成元素的平棋图案。这种四方连续的形式可以一直扩大复制下去，直至覆盖所需要的面积。

双龙莲花藻井

莫高窟　五五窟　五代

双龙盘旋于正在盛开的莲花中，由内层向外层依次为半花对接纹、回纹、连珠纹、卷草纹、垂角纹、璎珞等，纹饰设计密度高而规整。

团龙藻井

莫高窟　六一窟　五代

龙和凤是封建王权的象征，从五代开始，敦煌藻井的中心用龙纹的频率越来越高。此幅藻井特别之处在于出现了两周自由图案的边饰，内层为卷草纹，外层为双凤双麒麟纹饰。在程式化的设计时代，此图案对活跃氛围起到了作用。

团龙藻井

莫高窟　六一窟　五代

蟠龙莲花居于藻井中央，周围环绕着灵鸟和一整四剖的团花。由内向外是一层层为人们所熟知的边饰。高密度和高难度是这一时期藻井纹饰的特点。

团花藻井

安西榆林窟　一四窟　宋

这幅团花藻井设计很别致，中央的井心是一朵大团花，在一系列内层边饰后可以在更大些的藻井井心发现一铺完整的小藻井，这个小藻井结束于它的帷幔部分。紧接着又是一系列的边饰结束于帷幔，形成一个大藻井。

团龙藻井

莫高窟　七六窟　宋

五代以后除了井心中有腾空的团龙，其他方面也没有太大的新意。在这个龙一统天下的世界里，把各条边饰画细画密，以至于整幅藻井的纹饰形成高密度也是这个时代的特色。

团龙藻井

安西榆林窟　二窟　西夏

祥云围绕着光晕之中的团龙，这幅藻井特别的地方在于周边的帷幔纹饰在不断地创新。而图中的纹饰如此高的密度在那个徒手作业的年代，其难度和工程周期不是我们今天的美术工作者能够想象的。

团龙藻井

莫高窟　二〇七窟　西夏

西夏王朝统治敦煌地区近二百年，敦煌藻井的风格也随之改变。首先藻井的规模缩小了，先前繁密的构图也有所简略。不过，已经形成的程式化艺术创作风格即使改朝换代，也不是一下子就能改变的，此图案的边饰就基本源于前朝。

团龙藻井

莫高窟　二三四窟　西夏

五龙团龙藻井，这在莫高窟也是唯一的设计。团龙团花相融为一体，而四个内角上的小腾龙的设计灵感来源于自唐以来的团花藻井中一整四剖的团花井心设计。

团龙藻井

莫高窟　二五四窟　西夏

西夏团龙藻井构图简单，龙的图案绘制得大了，我们可以较为细致地看明白这一时期龙纹的绘制手法。

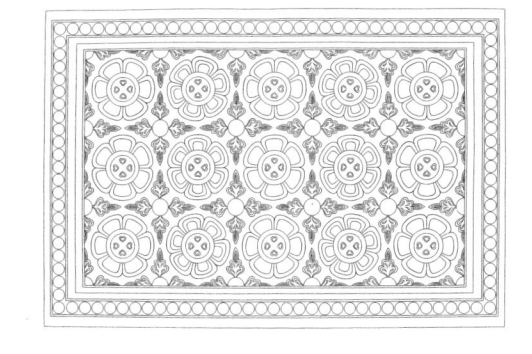

团花藻井

莫高窟　三〇六窟　西夏

这位画师宁愿画得简单、平淡，也不愿随时代的大流，用了一铺平棋图案中惯用的罗列方式，将一幅藻井绘制完成。

团花藻井

莫高窟　三〇六窟　西夏

这幅平平淡淡的藻井很形象地告诉了我们敦煌图案艺术的设计和绘制原则：不可抄袭，可以相似，智者创新，能者繁密，贤者补白，可以互换，且莫错乱。

团龙藻井

莫高窟　三一〇窟　西夏

西夏藻井井心的团龙形象威猛，充满了张力。

团花藻井

莫高窟　三三〇窟　西夏

藻井中央是一幅简易而明快的团花。四个人字披的领地由相交连珠纹分开，每铺人字披上绘制着四方连锁忍冬纹饰，结构紧密。

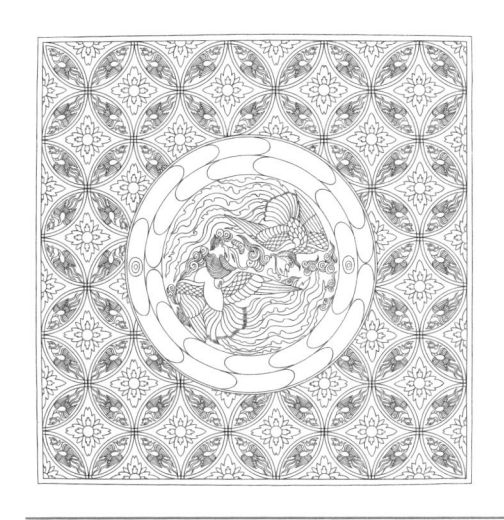

凤凰平棋

安西榆林窟　一〇窟　元

晕纹之中是一对追逐飞翔的凤凰，其外圆环纹饰的相交之处的细小空间中绘有飞翔的小凤凰，充满了西夏艺术的特有风格。

九佛回纹藻井

安西榆林窟　一〇窟　元

这幅藻井的面积之大、难度之高，都可称为敦煌图案之最，由内至外的边饰共叠加了十五层之多，是藻井艺术的集大成者。由于其间包含的内容众多，这幅藻井也成为敦煌藻井艺术中密度最高的综合图案。

群舞穹顶

库木吐喇石窟　四六窟　龟兹

库木吐喇石窟位于今天的新疆库车，开窟年代相当于中原政权的西晋时期。河西走廊上的敦煌艺术受中原文化影响较深，其石窟顶部均为方形；而这里受中亚文化影响较深，故而石窟顶部均为圆形，这种圆形顶叫作穹顶。图中十三尊菩萨踏舞于莲花座上，姿态各异、形体优美。中心开放重瓣莲花。

敦煌藻井彩色图案

裸体飞天平棋　莫高窟　四二八窟　北周

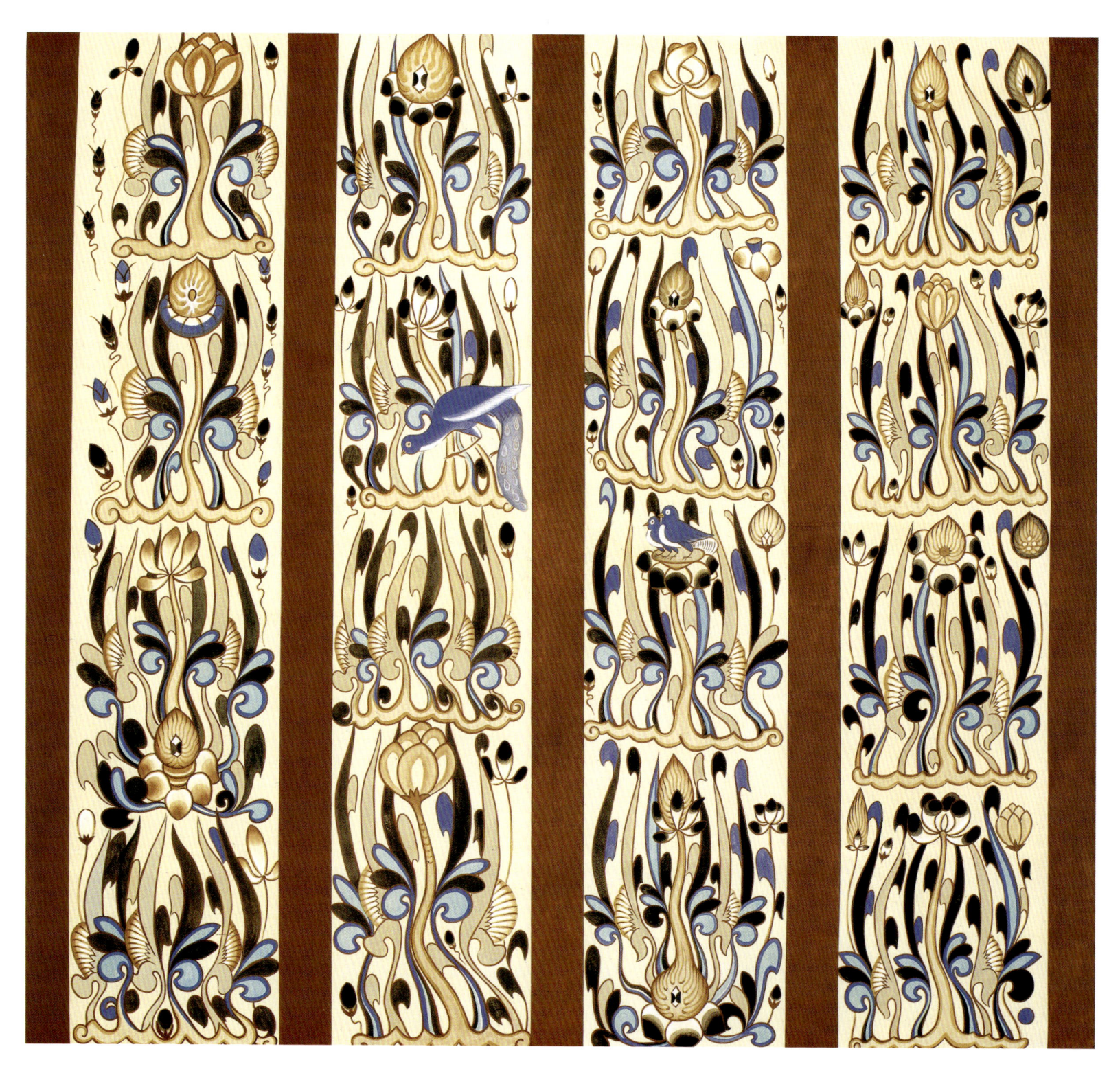

藻纹人字披 莫高窟 四二八窟 北周

忍冬莲花藻井 莫高窟 三九〇窟 隋

莲花双龙藻井 莫高窟 三九二窟 隋

莲花飞天藻井　莫高窟　四〇一窟　隋

三兔飞天藻井 莫高窟 四〇七窟 隋

莲花龙纹藻井 莫高窟 四六二窟 隋

葡萄石榴纹藻井井心 莫高窟 二〇九窟 初唐

石榴花藻井井心 莫高窟 三二二窟 初唐

团花藻井 莫高窟 四九窟 盛唐

四方佛藻井　莫高窟　一四窟　晚唐

团龙藻井井心 莫高窟 六一窟 五代

团花藻井 安西榆林窟 一四窟 宋

九佛回纹藻井 安西榆林窟 一〇窟 元